Carlos Henriques Pereira

L'INSTITUTION DES COURSES DE CHEVAUX

L'Harmattan	**L'Harmattan Hongrie**	**L'Harmattan Italia**
5-7, rue de l'École-Polytechnique	Hargita u. 3	Via Bava, 37
75005 Paris	1026 Budapest	10214 Torino
FRANCE	HONGRIE	ITALIE

© L'Harmattan, 2003
ISBN : 2-7475-5529-1

Nos sincères remerciements à Anne Marie Quint, professeur émérite à l'Université Sorbonne Nouvelle, Paris III.

L'INSTITUTION DES COURSES DE CHEVAUX

Bref historique   9

I L'ÉLEVAGE   11

    1. Les Haras Nationaux   11
    2. Les Haras privés   16
    3. La reproduction des chevaux de course   17
    4. Les races de chevaux de course :   19

       a) Le pur sang anglais   19
       b) L'arabe   21
       c) L' anglo-arabe   22
       d) L'AQPS et l'AQPSA   22
       e) Le trotteur français   23

    5. L'élevage de chevaux de course en France : chiffres clés   24

II LA VALORISATION   25

    1. Les centres d'entraînement en France   25
    2. Les entraîneurs   29
    3. Le jockey, les gentlemen-riders, les cavalières et les drivers   31
    4. Le personnel d'écurie   34
    5. Les propriétaires de chevaux de course   34

## III LES INSTITUTIONS DES COURSES	37

1. La réglementation des courses	37
2. France Galop	40
3. Société du Cheval Français	41
4. Fédération Nationale des Courses Françaises	43
5. La FRBC	43
6. L'agence française du trot	44
7. L'agence française de vente de Pur-Sang	45
8. Le PMU	45
9. L'AFASEC	47

## IV TYPOLOGIE DES COURSES	49

1. Les courses de plat au galop	49
2. Les courses d'obstacles	51
3. Les courses au trot	51
4. Les hippodromes	53
5. Les grands événements	57

## V ANNEXES	59

1. LE VOCABULAIRE DES COURSES	61
2. EXPRESSIONS ANCIENNES DU TURFISTE	87
3. BIBLIOGRAPHIE	91
4. SITES INTERNET	93

BREF HISTORIQUE

L'antiquité

Les courses existent probablement depuis que l'homme emploie les forces dynamiques du cheval. Les courses étaient très appréciées dans l'Antiquité comme peuvent en témoigner divers écrits : les Grecs et les Romains appréciaient plus particulièrement les courses de chars. Ils connaissaient un véhicule comparable au "sulky" contemporain comme en témoignent des monnaies de Zancle, datant de 480 avant J.C. Les chevaux attelés à trois ou à quatre (triges et quadriges) se produisaient probablement sur des champs de course ayant la structure d'une piste rectiligne.
En Grèce, l'organisation des courses était très réglementée : on opposait des chevaux de même catégorie pour permettre une lutte équitable, tout en faisant des courses un excellent moyen de sélection. Ce système avait pour objectif d'identifier les futurs poulinières et étalons. On effectuait des acrobaties lors des courses qui impressionnaient le public sensible à la vitesse. Le nombre de concurrents variait : de 4 (Mosaïque du Musée de Barcelone) à 8 chars (Mosaïque de Lyon) voire plus. On utilisait probablement des races diverses : libyens, perses, ibériques…

L'Angleterre : berceau des courses modernes

Les courses de chevaux se développent en Angleterre vers le XIIème siècle : Smithfield, Epsom…Au XVIIème siècle, Jacques Ier encourage les premières courses sur gazon (turf) qui constituent aussi des espaces de chasse: Saint-Léger, Oaks, Derby (1765), Guinée…Les Anglais au XVIIIème siècle créent l'archétype du cheval de course : Le Pur Sang Anglais. Le Jockey-Club anglais date du règne de Georges II. C'est sous Jacques III (1760/1811) qu'apparaissent les premières courses classiques pour chevaux de trois ans. La première classique fut disputée en 1776 : 2 900 mètres à Saint Léger. Le Derby fut couru pour la première en fois en 1782 à Epsom.

Les premières courses françaises

La première course digne de ce nom est organisée le 15 mai 1651 au Bois de Boulogne. Au départ : le prince d'Harcourt et le duc de Joyeuse représenté par Plessis du Vernet qui termine un long parcours entre la Muette, Saint-Cloud et le Château de Madrid. Les premières courses de galop "à l'anglaise" débutent en 1775. La première course officielle est organisée en 1780 : le Prix du Plateau du Roy (3 000 à 4 000 mètres) réservé aux juments françaises et étrangères. Napoléon promulgue un décret le 31 août 1805 rétablissant et organisant officiellement les courses. La sélection du cheval de course en France est lancée. La Société d'encouragement pour l'amélioration des races chevalines voit le jour en 1833. Le Jockey-club est fondé en 1835 et les courses deviennent ainsi le sport favori de l'aristocratie.

I L'ÉLEVAGE

1) Les Haras Nationaux

Les Haras Nationaux, sous la tutelle du Ministère de l'Agriculture, sont chargés de gérer et de réglementer l'élevage des chevaux de course en France à travers le décret du 4 juillet 1999.
Les Haras royaux sont créés sous l'impulsion de Colbert. Des étalons sont achetés et confiés gratuitement à des particuliers et à des abbayes. Le premier Haras royal est construit au Pin dans l'Orne en 1714. Le Haras de Pompadour (Corrèze) est fondé en 1760, puis celui de Rosières-aux-Salines (Meurthes et Moselles) en 1767. En 1832, l'officier des haras Ephrem Houël organise à Cherbourg les premières courses de trot monté pour concurrencer l'élevage anglais. Le grand mérite des Haras Nationaux à la fin de la Seconde Guerre Mondiale est d'avoir créé le Pari Mutuel Urbain et encouragé l'apparition du Tiercé en 1954. C'est grâce aux courses que les Haras Nationaux jouent un rôle important dans la conservation des races de chevaux autochtones.

Au plan géographique, le territoire national est découpé en 23 circonscriptions, chacune rattachée à un dépôt d'étalons :

1. *Annecy*
2. *Aurillac*
3. *Besançon*
4. *Blois*
5. *Les bréviaires*
6. *Cluny*
7. *Compiègne*

8. *Gelos*
9. *Hennebont*
10. *Lamballe*
11. *Le lion d'Angers*
12. *Montier en Der*
13. *Le Pin*
14. *Pompadour*
15. *La Roche sur Yon*
16. *Rodez*
17. *Rosières-Aux- Salines*
18. *Saint- Lô*
19. *Saintes*
20. *Strasbourg*
21. *Tarbes*
22. *Uzès*
23. *Villeneuve sur Lot*

Les Haras Nationaux ont pour "mission de promouvoir et de développer l'élevage des équidés et les activités liées au cheval en partenariat notamment avec les organisations socioprofessionnelles, les collectivités locales et les associations. L'établissement entreprend toutes actions, notamment scientifiques, techniques, économiques et culturelles, nécessaires à l'accomplissement de ses missions".

Les missions des HARAS NATIONAUX

- *Il contribue à la définition et à la mise en oeuvre de la politique d'orientation de l'élevage des équidés. Dans ce domaine, il apporte son concours à l'État, et notamment aux ministres chargés de l'agriculture et des sports, pour l'examen de toute question relative aux courses, à l'équitation ou aux autres utilisations du cheval et des autres équidés sur le plan national, européen ou international ;*
- *Il concourt à la protection des équidés et veille à la conservation et l'amélioration des races pour assurer une régulation économique et génétique prenant en compte les intérêts à long terme de la filière ;*
- *Il procède pour le compte de l'État à l'identification des équidés et assure la tenue du Fichier central des équidés immatriculés. Il propose au ministre de l'agriculture les règles relatives aux conditions d'inscription sur les livres généalogiques qui sont tenus par lui ou, sous son contrôle, par des associations ou fédérations agréées.*
- *Il entreprend toutes actions visant à développer un système d'information relatif aux équidés avec l'ensemble des partenaires de la filière ;*
- *Il apporte son concours à l'Etat pour l'identification et le contrôle, dans les conditions prévues par les textes qui les réglementent, des établissements ouverts au public pour l'utilisation des équidés et des professionnels qui se livrent*

au commerce des équidés ou à leur utilisation à des fins commerciales ;
- *Il assure la collecte et le traitement des informations économiques sur les marchés et les métiers du cheval et autres équidés et mène toute action susceptible de favoriser, dans son domaine de compétence, la mise en valeur et la promotion des produits, des techniques et des pratiques sportives ;*
- *Il définit ou met en oeuvre toutes actions de formation en rapport avec ses missions. Il peut participer à des actions de formation en collaboration avec d'autres partenaires ;*
- *Il propose et, le cas échéant, met en oeuvre les grandes orientations de recherche et de développement ainsi que les programmes menés en coopération avec d'autres ministères ou organismes. Il participe dans son domaine de compétence à la diffusion du progrès technique ; Il établit localement des relations de partenariat avec les organismes mentionnées au premier alinéa du présent article, notamment en favorisant toute action d'information, de formation, de promotion et de valorisation.*
- *Pour l'exercice de ses missions :*
- *Il acquiert et gère des reproducteurs dans des dépôts d'étalons, jumenteries et stations de monte ;*
- *A la demande du ministre, il peut instruire les demandes de subventions financées notamment à partir des dotations du Fonds national des haras et des activités hippiques et en assurer le paiement ;*
- *Il peut, sur ses ressources, accorder des primes d'encouragement, à l'occasion des concours d'élevage qu'il organise.*
- *Il peut également assurer la réalisation, l'édition et la diffusion, à titre gratuit ou onéreux, sous toute forme, des études, des publications et, plus généralement, des supports d'informations et objets en rapport avec ses activités ;*
- *Prendre des brevets ;*
- *Participer à des groupements d'intérêt public ou économique ainsi qu'à des associations.*[1]

---

[1] Décret du 4 juillet 1999 sur l'administration des Haras.

Les Haras Nationaux sont administrés à travers plusieurs directions :

- Directions inter-régionales : Nord-Est ; Centre-Grand Ouest ; Grand-Sud Ouest ;
- Direction de la filière : direction déléguée aux courses ; identification ; production ; utilisation ; gestion de la monte et des encouragements ; gestion des chevaux et des propriétaires ;
- Direction du développement : formation ; recherche ; développement et politiques générales ; informations économiques et documentaires ; logistique ;
- Direction de la valorisation : étalonnage ; communication et promotion ; direction à l'international ;
- Secrétariat général ; direction générale ; direction des ressources humaines et direction administrative et financière ;
- Conseil d'Administration.

Le Budget des Haras Nationaux était en 2001 de 8 961 758 EUROS[2].

Les Haras Nationaux mettent à la disposition de l'élevage privé environ 1 300 étalons à travers 23 dépôts et 203 stations de monte.

---

[2] ECUS 2002.

Les étalons des HARAS NATIONAUX représentaient en 2001:

- *14.2% des étalons PS en activité en France;*
- *15.3% des étalons AR activité en France;*
- *7.3% des étalons TF activité en France ;*
- *63.5% des étalons AA activité en France ;*
- *31.1% des étalons SF activité en France;*
- *9.2% des étalons Poneys activité en France ;*
- *29.4% des étalons de trait et ânes activité en France.*

2) Les haras privés

Le Haras est un établissement ayant divers statuts juridiques (associations, SARL, EURL, entreprise individuelle...) et dont l'objet est l'élevage. Un Haras privé est composé de poulinières et d'étalons de races diverses. Les poulinières sont des juments destinées à la reproduction et les étalons sont des chevaux inscrits dans un stud-book et dont les performances sont reconnues.

On peut segmenter les Haras en fonction des poulinières : nombre de poulinières détenues par un propriétaire. La majorité des éleveurs sont des éleveurs amateurs. Les éleveurs professionnels, beaucoup moins nombreux, se divisent en deux : les éleveurs naisseurs et les éleveurs entraîneurs. Les éleveurs naisseurs qu'ils soient amateurs ou professionnels essayent de vendre les chevaux au sevrage et au plus tard à 3 ans. Les éleveurs entraîneurs cherchent à valoriser leur production : ils multiplient ainsi les opportunités de gains. Ils sont des acteurs importants dans les courses pour jeunes chevaux.

3) La reproduction des chevaux de course

On distingue plusieurs étapes dans le cycle de vie d'un cheval de course. Un poulain ou une pouliche de courses naît en principe au printemps, au terme de onze mois de gestation. Le poulain naît généralement dans un haras.

Appelé "foal", le poulain suit sa mère de très près. Progressivement, il devient autonome au plan nutritionnel. Il abandonne assez rapidement le lait maternel au profit de l'herbe des prés puis d'autres aliments, avant d'être totalement sevré autour de 6 mois.

A partir de 18 mois, on procède au débourrage. On lui apprend notamment à supporter une selle.

A l'âge de 2 ans, pour les plus précoces, destinés aux courses plates, les poulains et pouliches sont envoyés chez un entraîneur.

La carrière d'un cheval de course peut néanmoins débuter, pour les sujets les plus tardifs, à l'âge de 4 ou 5 ans. Cela concerne en particulier les chevaux de demi-sang, appelés à concourir en obstacles.

Au terme de leur parcours sportif (de 3 à 12 ans, ou plus, en fonction des aptitudes), les meilleurs d'entre eux se consacrent à la reproduction. Les mâles deviennent étalons et les femelles poulinières. Les sujets inadaptés, qu'ils soient hongres (mâles castrés) ou trop modestes compétiteurs, sont bien souvent vendus comme chevaux de loisirs. Le re-dressage d'un cheval de course reste néanmoins difficile pour des amateurs. Il est donc nécessaire de faire appel à des cavaliers professionnels qui connaissent la problématique des chevaux de réforme.

Chaque cheval possède un livret signalétique. Faisant office à la fois de carte d'identité et de carnet de santé du cheval, il permet de retracer l'arbre

généalogique du cheval sur trois ou quatre générations, ainsi que ses date et lieu de naissance et le nom de son éleveur. Il peut varier d'un pays à un autre en fonction du Stud-book. Il enregistre les dates et natures de ses vaccinations. Enfin, il comporte des renseignements sur les particularités physiques du sujet : des éléments concernant des tâches par exemple. Il constitue une pièce importante pour le contrôle par les vétérinaires dans les hippodromes. Il est nécessaire lors des transports et des compétitions.
En plat, un cheval est " jeune " jusqu'à son année de 3 ans. En obstacles, on accepte des chevaux plus tardifs, on parle alors de " vieux " à partir de 5 ans sur les haies, et à partir de 6 ans sur le steeple-chase et en cross-country.
Un cheval de course est toujours rattaché à un Stud-Book. Il trace la généalogie de chaque cheval de course. En France, c'est le Haras National de Pompadour qui référence tous les poulains nés et élevés sur l'hexagone. Un cheval doit obligatoirement être inscrit sur un stud-book pour être autorisé à participer à une compétition publique.

Les chevaux prennent automatiquement un an à chaque 1er janvier. Ainsi, un cheval né en juin deviendra-t-il, dix-mois seulement après sa naissance, un 2 ans, etc.

- *De la naissance au 31 décembre suivant : "foal"*
- *Du 1er janvier suivant sa naissance au 31 décembre suivant : yearling*
- *De 0 à 3 ans inclus : poulain ou pouliche*
- *Au delà de 3 ans : cheval ou jument*

Une poulinière est une jument destinée à la reproduction qui porte un poulain par an. L'étalon est un cheval ayant une généalogie prestigieuse et/ou ayant des résultats en compétitions et employé par un étalonnier dans un Haras National ou privé pour faire la monte. On distingue plusieurs types de monte : monte en main avec des assistants (la jument étant entravée) et plus rare la monte en liberté dans un pré. On peut aussi procéder à l'insémination artificielle qui est rigoureusement réglementée dans le secteur des courses.

4) Les races de chevaux de course

Tous les chevaux peuvent courir. Toutefois, l'histoire des courses a sélectionné une petite minorité. Chaque type de course privilégie un modèle, des allures et une généalogie. En France et aussi dans le reste du monde, on distingue 5 grandes races:

- *Le Pur sang anglais (course de plat, steeple...) ;*
- *L'arabe (très prisé dans les courses au Moyen Orient) ;*
- *L'anglo-arabe issu du croisement des deux premiers (obstacle...) ;*
- *L'AQPS qui autorise les croisements avec d'autres races ;*
- *Le trotteur (trot attelé et trot monté).*

a) Le Pur-sang anglais

C'est le prince des courses de plat. Né en Angleterre, il a conquis très tôt toute l'Europe et puis le monde entier. Sous le règne de Jacques II, arrive en Angleterre le premier père fondateur de la race : *The byerley Turk*. Il ne saillit qu'un petit nombre de juments. Il est à l'origine d'une lignée prestigieuse : *Sancy, The Tetrarch, Brûleur, Tourbillon...Godolphin* est le deuxième père fondateur. Probablement d'origine barbe, il a eu une histoire légendaire. Offert à Louis XV par le Bey de Tunis, il se retrouva comme cheval de trait dans les rues de Paris. Repéré par un Anglais Croke, il devient un "bout-en-train" dans l'élevage de Lord *Godolphin* qui en fera plus tard un grand reproducteur. Il est le père du célèbre *Matchem,* petit cheval de 1, 53 mètres spécialiste du miles. Quant à *Darley Arabian*, cheval arabe descendant d'une lignée prestigieuse, il sera le troisième père fondateur de la race. Son arrière-arrière petit-fils, Eclipse brillera dans de nombreux champs de courses avec son propriétaire le Duc de Cumberland.

Le stud-book du Pur Sang Anglais fut ouvert en 1791. Ce livre a permis de sélectionner les chevaux en fonction de leurs ascendants et de leurs performances en course.

Le stud-book est rigoureusement fermé et la race se perpétue en étroite consanguinité. Le Pur sang présente une morphologie variable. La taille habituelle se situe entre 1.55 et 1.65 mètres. On trouve néanmoins des Pur Sang de 1.45 mètres et jusqu'à 1.75 mètres. Souvent longiligne, le Pur Sang a une encolure longue et fine et une tête rectiligne avec des oreilles fines et des yeux vifs. Il a des membres fins. C'est un cheval au tempérament vif voire ombrageux. A mettre entre des mains de professionnels, le Pur Sang a une aptitude pour le galop exceptionnelle et des qualités à l'obstacle. L'effectif le plus important se trouve aux USA. C'est un cheval qui reste fragile et les accidents prennent des proportions dramatiques.

La France est le 8ème producteur de Pur Sang. On comptabilisait 111 153 naissances dans le monde. Les

USA ont enregistré 32 274 naissances en 2000 et la France inscrivait 4 180 naissances en 2000.

L'étalonnage PS est essentiellement privé avec plus de 85% des étalons. Géographiquement, les étalons PS sont essentiellement situés en Normandie (Le Pin : 35% et Saint-Lô : 4%). 75% des étalons PS produisent dans la race. Ils sont utilisés à 15% pour produire du Selle Français et 7% de l'Anglo-Arabe[3].

b) L'Arabe

"Don du Créateur" selon le prophète Mahomet, l'Arabe est un améliorateur de race de chevaux de course universel. Probablement un des plus vieux chevaux de selle, l'Arabe fut le compagnon des populations bédouines semi-nomades des régions désertiques du Moyen Orient. D'une taille moyenne, comprise entre 1.40 et 1.60 m – le format habituel se situant entre 1.45 et 1.50 m. Il a une morphologie médioligne, une tête carrée, de grands yeux expressifs et une encolure légère. Le cheval s'inscrit dans un carré. Les membres sont puissamment musclés. L'Arabe est utilisé dans toutes les disciplines sportives.

En France les étalons Arabes sont répartis sur l'ensemble du territoire. 67% des juments arabes se trouvent dans le Sud de la France. Les USA enregistrent 10 000 naissances et la France arrive au deuxième rang avec 1 193 naissances. Les étalons AR produisent à 49% en race pure, à 25% en Cheval de Selle, à 17% en Poneys et à 6% en Anglo-Arabe.

---

[3] ECUS 2002

c) L'Anglo-Arabe

Issu du croisement des deux premières races de chevaux de course, l'Anglo-Arabe est né en France, au début du XIXème siècle, grâce au Directeur des Haras, M. Gayot. Utilisé dans les charges rapides de cavalerie, l'Anglo-Arabe se développa surtout dans le Sud-ouest dans les régions de Tarbes et de Pau. Le livre généalogique a été ouvert en 1833. Depuis l'arrêté de 1958, seuls les Anglo-Arabes possédant au moins 25% de sang Arabe ou possédant 25% de sang Pur Sang peuvent être inscrits dans ce livre. Ayant une morphologie intermédiaire entre celle de l'Arabe et celle du Pur Sang, l'Anglo-Arabe a une taille qui varie de 1.45 à 1.60 m. Doté d'une tête fine, de membres gracieux, une encolure longue, un dos moyen et croupe longue, l'Anglo-Arabe est une race plus docile que le Pur Sang. Ayant la rusticité de l'Arabe, c'est un cheval athlétique doué pour les épreuves d'obstacle. Certaines courses de galop lui sont réservées surtout dans les hippodromes de Pau et de Pompadour. Il peut courir également dans les courses réservées aux AQPS.

d) AQPS et AQPSA

Abréviation qui signifie respectivement "Autre Que Pur Sang" ou "Autre Que Pur Sang Anglais". Cette dénomination regroupe en fait plusieurs races : anglo-arabe, trotteur français, tous les croisements entre ces races et les croisements entre ces races et le pur-sang.
Ces chevaux sont presque comme des pur-sang. D'un prix d'achat inférieur à celui du Pur-Sang, l'A.Q.P.S est comparable au Pur-Sang tant au plan morphologique que psychologique. Outre son utilisation dans les courses

d'obstacles où il excelle, ce groupe ethnique est employé dans le Saut d'Obstacle et le concours complet.

e) Le Trotteur Français

C'est la plus récente des races de chevaux de course dont le stud-book a été ouvert en 1922. sous l'impulsion du directeur des Haras Ephrem Houël. Les lignées de trotteurs à l'origine de la race sont issues du croisement entre des demi-sang Anglo-Normands, des Trotteurs du Norfolk (Trotteurs anglais), des Pur-Sang et quelques Trotteurs d'Orlov importés de Russie avant 1914. Cette race a été conçue pour améliorer les performances des chevaux destinés aux attelages légers. Vers 1836, sous l'impulsion du directeur des Haras Ephrem Houël, sont organisées les premières courses de trot à Cherbourg. Pour être inscrits dans le stud-book les chevaux devaient parcourir un kilomètre en moins de 1 min 42 s. Afin d'améliorer la compétitivité de la race, la France importe des Standardbred américains et des trotteurs soviétiques. Le livre généalogique resta ouvert jusqu'en 1941. La race comporte une diversité de modèles morphologiques. On distingue deux modèles : un petit modèle allant de 1.50 à 1.60m pour les courses attelées et un modèle plus grand de 1.60 à 1.70 m destiné aux courses de trot monté. Au plan psychologique, le trotteur français est plus calme que le Pur Sang. Equilibré, généreux, calme, le trotteur français a aussi une morphologie harmonieuse avec néanmoins un dos plongeant et un large poitrail avec des membres charpentés. Cheval agréable, il fait aussi le bonheur des cavaliers amateurs lorsqu'il est réformé des courses.

5) L'élevage des chevaux de course en France : chiffres clés

RACE[4]	Pur Sang	Trotteur Français	Arabe	Anglo-Arabe	TOTAUX
Nombre d'éleveurs	3 808	7 735	933	1 761	14 237
Nombre d'étalons Nationaux	54	43	83	99	279
Nombre d'étalons Agréés	327	543	458	57	1385
Nombre de poulinières	8 234	17 450	1 953	2 793	30 430
Nombre de naissances	4 217	10 917	1 119	1 266	17 519

Nous observons que l'élevage des chevaux de course est très atomisé. Le Trotteur Français domine toute les races de chevaux de course et maintient ses naissances. Le Pur Sang est en légère augmentation ces deux dernières années. En revanche, l'Arabe et l'Anglo-Arabe traversent une période de repositionnement stratégique avec des naissances en baisse.

---

[4] ECUS 2002

II LA VALORISATION

La valorisation est une période clé de la vie d'un cheval. Le cheval de course est valorisé dans divers centres d'entraînement répartis dans des espaces stratégiques proches des lieux de course ou liés à l'histoire de l'élevage. La profession d'entraîneur est très réglementée et orientée par le code des courses. La valorisation permet d'identifier les qualités physiques et psychiques du cheval "athlète de haut niveau".

1) Les centres d'entraînement en France

Le centre d'entraînement de Chantilly : premier site de France

Chantilly est la capitale nationale du Pur Sang et héberge le premier centre d'entraînement de chevaux de course : avec 2.633 chevaux à l'entraînement dont 2.570 pur sang (chiffres avril 2002). Les ¾ des meilleurs chevaux qui courent sur les hippodromes parisiens sont à l'entraînement à Chantilly. Situé en lisière des 6.000 hectares de la forêt de Chantilly, le Centre d'Entraînement de Chantilly s'étend sur 1.900 hectares et il est constitué de différents sites d'entraînement : Les

Aigles, Lamorlaye, Coye-la-Forêt, Avilly-St-Léonard et la célèbre Piste des Lions qui relie par la forêt le Château de Chantilly à Lamorlaye.

Les qualités naturelles du sable (sable de silice pur), du sol (limon sableux) et du sous-sol (calcaire demi-tendre drainant) ont permis l'émergence d'un site unique dans le monde. Les caractéristiques du sable rendent les pistes praticables 365 jours/365 quel que soit le temps.

Le Centre d'Entraînement de Chantilly met à la disposition de l'élite du galop :

- 120 hectares de pistes en gazon ;
- 120 kilomètres de pistes en sable ;
- 12 kilomètres de pistes d'obstacle jalonnées par 100 obstacles ;
- une piste en " dirt " (mélange de sable, de limon et d'argile très prisé aux USA).

Le centre d'entraînement de Deauville : la capitale normande du cheval de course

Ouvert en 1983, le centre d'entraînement de Deauville dispose d'une infrastructure moderne et compétitive à l'échelle internationale. Il dispose de :

- deux pistes en sable de 2 000 mètres ;
- une piste de trotting avec des haies mobiles ;
- une piste en gazon de 2 000 mètres d'une surface de 10 hectares ;

Le centre prévoit en 2003, la création d'une piste en sable "fibré" permettant la réalisation de courses de galop en hiver. On comptabilise 276 chevaux à l'entraînement dont 260 pur sang (chiffres août 2002).

Le centre d'entraînement de Maisons-Lafitte : le centre parisien.

Le centre d'entraînement de Maisons-Laffitte est spécialisé dans l'entraînement des chevaux de Plat et plus particulièrement d'Obstacle. Il s'étend sur 130 hectares (40 ha de pistes en gazon et 80 ha de pistes en sable). Le centre dispose des installations suivantes :
Pour le Plat : 13 km de pistes en sable réservées au galop, 19 km de pistes en gazon réservées au galop, 13 km de trotting et voies d'accès en sable, 8 km de ronds d'entraînement en sable.
Pour l'Obstacle : 4 km de pistes en sable, 6 km de pistes en gazon.
Pour l'apprentissage de l'Obstacle, deux manèges de dressage sont aménagés sur le sable.

Le centre dispose de plusieurs pistes : pistes de Lamballe (1 800 mètres de sable en ligne droite) ; le rond Poniatowski (1 200 mètres de piste circulaire) ; le rond Boileau (850 mètres pour les galops de chasse) ; les pistes du Parc (1 800 mètres pour les canters) ; le rond d'Epine (constitué par deux pistes circulaires en sable, de 600 et 800 m avec 19 obstacles)…
Les écuries de Maisons-Laffitte comportent 24 cours louées à des entraîneurs (621 boxes et 827 chevaux à l'entraînement)[5].

---

[5] France Galop.

Le centre d'entraînement de Grosbois : spécialiste du trot

La Société du Cheval Français a créé dans le Domaine de Grosbois, un centre d'entraînement réservé aux chevaux des courses de trot. Situé au cœur de 412 hectares, il comprend :

- 55 établissements ;
- 133 boxes ;
- Une cour destinée à recevoir les chevaux étrangers ;
- Deux pistes en mâchefer de 1000 mètres ;
- Une piste en sable rose de 1500 mètres.

Le centre compte plus de 1420 chevaux à l'entraînement qui empruntent régulièrement une quarantaine de kilomètres d'allées cavalières aménagées dans le bois.

Par ailleurs, le centre dispose d'autres moyens adaptés à la spécialité :

- Un manège ;
- Une piste couverte ;
- Une maréchalerie ;
- Une sellerie ;
- Une clinique hippique.

2) Les entraîneurs

Le métier d'entraîneur est régi par le code des courses de trot et de galop. Selon l'article 27 du code des courses de galop, il existe deux statuts :

- La licence d'entraîneur public :

"La licence d'entraîneur public autorise la personne qui en est titulaire à entraîner des chevaux appartenant à des propriétaires différents."

- La licence d'entraîneur particulier :

"La licence d'entraîneur particulier autorise la personne qui en est titulaire à entraîner des chevaux appartenant à un propriétaire unique avec lequel elle est liée par un contrat de travail agréé par les Commissaires de France Galop."

- Les autorisations d'entraînement :

C'est une formule juridique adaptée aux éleveurs et aux propriétaires de chevaux. Elle permet "à l'éleveur qui en est titulaire, d'entraîner sur ses propres installations d'entraînement des chevaux dont lui ou son conjoint est l'éleveur et qui lui appartiennent en totalité ou appartiennent en totalité à son conjoint...". Le permis d'entraîner "permet au propriétaire qui en est titulaire d'entraîner un effectif maximum de cinq chevaux lui appartenant..."

Pour être entraîneur, il faut être âgé de 21 ans et suivre plusieurs stages. Par ailleurs, il faut être à proximité d'un centre d'entraînement. Le détenteur d'une licence d'entraîneur public peut créer une société d'entraînement de chevaux de courses. Il dispose de plusieurs formules juridiques :

- Soit une entreprise unipersonnelle à responsabilité limitée ;
- Soit une société à responsabilité limitée.

Chef d'une entreprise à caractère agricole, l'entraîneur a une responsabilité large :
Héberger ; soigner, entraîner et faire courir les chevaux qui lui sont confiés. Il a un rôle de conseiller auprès des propriétaires lors de l'achat de chevaux. Il doit disposer de plusieurs qualités :

- Avoir des qualités de technicien ;
- Etre capable de planifier et gérer de manière optimale la carrière d'un cheval de course ;
- Maîtriser les circuits des courses ;
- Etre un gestionnaire et financier ;
- Avoir des qualités relationnelles avec ses clients, ses employés et les institutions des courses.

Les voies de l'apprentissage sont diverses. Il existe des écoles spécialisées comme l'AFASEC.

Les entraîneurs de chevaux de courses au galop en 2001[6] :

Licences d'entraînement (entraîneurs publics)	419
Autorisation d'entraîner (entraîneurs particuliers)	40
Permis d'entraîner (non professionnel)	557
Autorisations d'entraînement (non professionnel)	65
Total :	1 081

Les entraîneurs de chevaux de courses au trot en 2001[7] :

Entraîneurs publics	755
Entraîneurs particuliers	140
Autorisations d'entraîner	414
Permis d'entraîner (amateur)	497
Total :	1 806

3) Les jockeys, les gentlemen-riders, les cavalières et les drivers

Le jockey, les gentlemen-riders, les cavalières

Le statut du jockey est défini par le code des courses au galop. "Aucune personne ne peut monter dans une course publique régie par le code des courses, sans être titulaire

---

[6] France Galop
[7] Société du Cheval Français

d'une licence professionnelle de jockey, d'apprenti ou de cavalier, soit d'une autorisation de monter en qualité de gentlemen-rider ou de cavalière, délivrée, en France, par les commissaires de France Galop".

Sont qualifiés de gentlemen-riders et cavalières, les personnes suivantes :

- Les officiers de l'armée française ;
- Les officiers des Haras en activité de service ;
- Les membres non titulaires d'une licence professionnelle du Comité de France galop ;
- Les membres des Comités étrangers ;
- Les membres du Jockey-Club et les membres du Nouveau Cercle de l'Union.

Un jockey professionnel doit être âgé de 18 ans (toutefois, les apprentis peuvent commencer dès l'âge de 16 ans). Il doit être titulaire d'une licence de monte. Doté de qualités athlétiques, il doit obéir à de strictes conditions de poids. Il doit posséder un sens de la course. Un jockey peu aussi avoir le statut d'éleveur et d'entraîneur en ayant les licences adéquates.

Le driver

Le statut de driver est défini par le code course de trot. Le driver doit posséder les mêmes qualités que le Jockey. Les contraintes de poids sont plus souples. C'est un "pilote de formule 1". Le driver conduit un sulky en trot attelé.

Jockeys :

Courses au galop[8] :	
Licences de jockey	466
Licences jeunes jockey	331
Licences apprenti	145
Cavalier	23
Total :	965

Licences amateurs :	
Cavalières	136
Gentlemen-riders	191
Total :	327

Courses au trot :	
Licences de jockey	1 518
Licences de lads jockey	618
Licences d'apprenti	278
Licences d'amateur	971
Total :	2 414

---

[8] ECUS 2002

4) Le personnel d'écurie

Le personnel d'écurie joue un rôle primordial et constitue ainsi les "mécaniciens" des courses de chevaux. On distingue :

- Le lad jockey et le lad driver ;
- Le garçon de voyage ;
- Le premier garçon.

Les lads participent à l'entraînement des chevaux. Ils sont aussi responsables de l'état du matériel et des chevaux mis dont ils ont la charge. Ils sont chargés de l'entretien des écuries et du matériel. Ils soignent les chevaux : nourrir, panser... Ils sont formés dans des centres spécialisés comme les CFA (AFASEC). Ils doivent peser moins de 40 KG et mesurer moins de 1, 40 M.

Employé d'écuries importantes, le garçon de voyage a la responsabilité d'amener les chevaux vers les hippodromes. Ce poste est souvent assuré par des lads. Il peut conduire le van et préparer le cheval avant la course.

Le premier garçon est le bras droit de l'entraîneur. Ses fonctions sont multiples : organisation, surveillance du travail et tâches des apprentis. Il remplace l'entraîneur.

5) Les propriétaires de chevaux de course

Les propriétaires de chevaux ont un rôle clé. Leur statut est clairement défini par les différents codes de courses (galop et trot). Est considéré comme propriétaire, la personne physique ou morale répondant aux conditions suivantes :

- Avoir la propriété ou la location en totalité ;
- La personne dirigeant une association à l'exclusion de toute autre ayant un intérêt dans cette association ;
- La personne responsable d'un syndicat à l'exclusion de toute autre personne ayant un intérêt dans ce syndicat ;
- La société commerciale agréée par les Commissaires de la S.E.C.F. ou de France Galop.

Plusieurs formules juridiques strictement définies par les codes de courses permettent d'accéder à la propriété : la location, l'association et la syndication (maximum 45 parts), les sociétés ayant pour objet l'exploitation de chevaux de course et les sociétés n'ayant pas forcément comme objet principal l'exploitation de chevaux de course. Les propriétaires doivent dans tous les cas respecter les différentes procédures pour pouvoir faire courir leurs chevaux.

III LES INSTITUTIONS DES COURSES

Plusieurs institutions composent le monde des courses : France Galop ; Société du Cheval Français ; PMU ; UNIC...

1) La réglementation des courses

L'institution des courses est régie par le décret no 97-456 du 5 mai 1997 relatif aux sociétés de courses de chevaux et au pari mutuel.

Statut associatif

Les sociétés de courses de chevaux sont régies par les dispositions de la loi du 1er juillet 1901 relative au contrat d'association.
Les sociétés de courses ont pour objet l'organisation des courses de chevaux et des activités directement liées à cet objet ou pour lesquelles elles sont habilitées par la loi. Les statuts des sociétés sont approuvés par le ministre chargé de l'agriculture.

Les statuts des sociétés de courses autres que les sociétés mères sont conformes à des statuts types arrêtés par le ministre.

Les sociétés mères et les membres

Dans chacune des deux spécialités, courses au galop et courses au trot, une société est agréée par le ministre chargé de l'agriculture comme société mère de courses de chevaux. Les membres sont : les socioprofessionnels, à savoir les propriétaires, les éleveurs, les entraîneurs et les jockeys ou drivers.

L'autorisation d'organiser les courses

L'autorisation d'organiser des courses de chevaux est accordée pour un an, après avis du préfet, par le ministre chargé de l'agriculture ; elle peut être retirée, avant son terme normal, aux sociétés qui auraient méconnu des dispositions législatives ou réglementaires ou manqué aux obligations résultant de leurs statuts.

Les missions des sociétés mères

Les sociétés mères exercent leur responsabilité sur l'ensemble de la filière dépendant de la spécialité dont elles ont la charge.

Les missions des sociétés mères

- *Proposer à l'approbation du ministre chargé de l'agriculture le code des courses de leur spécialité ;*
- *Veiller au respect des prescriptions de ce code ;*
- *Prendre toutes dispositions en vue de la bonne organisation des courses relevant de leur compétence et de l'entraînement des chevaux participant à ces épreuves ;*
- *Présenter toutes propositions au ministre chargé de l'agriculture en matière de politique de l'élevage ;*
- *Délivrer les autorisations de faire courir, d'entraîner, de monter et driver.*
- *Etablir en vue de leur transmission à la Fédération nationale des courses françaises, le projet de calendrier des réunions de courses de leur spécialité servant de support aux opérations de pari mutuel urbain ainsi que celui des réunions de courses organisées sur les hippodromes dont elles ont l'exploitation ;*
- *Transmettre, après concertation mutuelle, à la Fédération nationale des courses françaises le projet de calendrier des réunions de courses établi par les fédérations régionales des courses ; Etablir, en concertation avec les conseils régionaux de leur spécialité, les programmes des courses de leur spécialité ;*
- *Etablir, après consultation des conseils régionaux de leur spécialité, la répartition des subventions pour prix de courses prévues dans leurs budgets ;*
- *Concourir, sous réserve de l'autorisation du ministre chargé de l'agriculture et du ministre chargé du budget, aux actions techniques, sociales et de formation professionnelle liées aux courses, à l'élevage ou à la sélection des chevaux ;*
- *Délibérer sur toute question qui leur est soumise par le ministre chargé de l'agriculture ou le ministre chargé du budget.* [9]

---

[9] Décret no 97-456 du 5 mai 1997 relatif aux sociétés de courses de chevaux et au pari mutuel.

2) France Galop

FRANCE GALOP est la société qui organise les courses parisiennes de plat et d'obstacle. Elle a été créée le 3 mai 1995 par la fusion de la Société d'Encouragement et des Steeple-Chases de France, de la Société de Sport de France et de la Société Sportive d'Encouragement. Société mère des courses de galop, elle a pour vocation principale l'encouragement pour l'amélioration des races de chevaux de galop en France.
FRANCE GALOP est une association loi de 1901 soumise à la tutelle du Ministère de l'Agriculture, du Ministère des Finances et du Ministère de l'Intérieur, qui assure le contrôle de la régularité des paris. FRANCE GALOP compte parmi ses Membres, les représentants des instances régionales des courses, les acteurs socioprofessionnels ainsi que des personnalités qualifiées.
FRANCE GALOP gère six hippodromes placés sous l'autorité d'un Chef d'établissement : Longchamp, Auteuil, Chantilly, Deauville, Maisons-Laffitte et Saint-Cloud. Elle organise également des courses d'obstacles sur l'hippodrome d'Enghien.
FRANCE GALOP est en charge de missions importantes:

- encourager l'élevage,
- améliorer les différentes races de chevaux de galop,
- déterminer les allocations et les primes,
- favoriser l'entraînement,
- assurer le bon fonctionnement de la prise des paris sur les hippodromes.
- la rédaction et l'application du Code des Courses,

- la délivrance des autorisations de faire courir, d'entraîner et de monter,
- l'approbation du programme et l'établissement du calendrier des courses de galop,
- La gestion de six hippodromes et de trois centres d'entraînement.

France Galop organise de prestigieuses courses de niveau international :

- Prix de l'Arc de triomphe Lucien Barrière à Longchamp ;
- Prix de Diane Hermès à Chantilly ;
- Prix du Jockey Club à Chantilly ;
- Gras Savoye Grand Steeple Chase de Paris à Auteuil ;
- Juddmonte Grand Prix de Paris à Longchamp.

3) Société du Cheval Français

La Société pour l'Amélioration du Cheval Français de Demi-Sang est créée le 21 octobre 1864. En 1866, elle rédige le code des courses de trot et veille à sa stricte application. La Société du demi-sang devient Société d'Encouragement à l'Elevage du Cheval Français en 1949.

La Société du Cheval Français a pour mission première d'œuvrer au développement des courses au trot en France et à la promotion du trotteur français.

Depuis près de 150 ans, elle oriente sa politique autour de trois points :

- Préserver l'éthique des courses en valorisant leur aspect sportif ;
- Assurer la promotion du trotteur français tout en protégeant les professionnels du trot ;
- Protéger les 6,5 millions de parieurs des irrégularités qui pourraient survenir avant ou durant le déroulement d'une épreuve (contrôle anti-dopage, fraudes…);

La SECF possède d'ailleurs un pouvoir juridictionnel et disciplinaire reconnu par décret.

Avec, en moyenne, 1750 réunions organisées par an sur 238 hippodromes différents et près de 140.000 chevaux partants disputant 10.100 courses, la Société du Cheval Français apparaît comme un important organisateur de manifestations sportives en France.
La SECF est chargée de :

- Planifier un programme national cohérent,
- Etablir un calendrier des courses en tenant compte des différentes demandes des sociétés de province,
- Harmoniser son programme international avec les pays voisins, ceci dans le cadre de l'U.E.T (Union Européenne du Trot) ou des directives de Bruxelles.

La SECF contribue au développement économique de la filière cheval en :

- Versant les allocations des courses ;

- Distribuant les primes aux éleveurs ;
- Accordant des subventions ;
- Assurant la promotion des courses et du trotteur français en France et à l'étranger.

4) La Fédération Nationale des Courses Françaises

La Fédération Nationale des Courses Françaises est composée des sociétés mères (France Galop et Société du Cheval Français) et de 251 autres sociétés de province et de dix fédérations régionales. Sa mission se résume ainsi :

- Définir la politique pour l'ensemble de la filière ;
- Représenter l'institution des courses auprès des pouvoirs publics ;
- Gérer les primes aux éleveurs et les subventions aux sociétés de province ;
- Organiser la lutte contre le dopage à travers des actions de prévention, le contrôle et
l'analyse en laboratoire ;

5) La FRBC

La French Racing and Breeding Committee est une structure sans but lucratif chargée de promouvoir l'élevage de chevaux de course à l'étranger (pur-sang, trotteur, arabe, AQPS). Ses missions :

- Conseiller dans l'achat d'un cheval ;
- Conseiller les propriétaires ;
- Enregistrer les couleurs des propriétaires ;

- Aider dans l'achat d'un étalon ou d'une poulinière;
- Faire découvrir le savoir-faire français en matière d'élevage.

La FRBC est présente aux quatre coins du monde et organise des actions de promotion lors des principales manifestations du secteur des courses.

6) L'Agence Française du Trot

L'Agence Française du Trot a été créée en 1986 pour dynamiser et promouvoir les ventes d'élevage (yearlings, foals, poulinières) et de chevaux à l'entraînement.

A partir de 1989, afin de développer de nouveaux marchés et de créer une activité commerciale tout au long de l'année, l'AFT a lancé les ventes mixtes. Sept rendez-vous annuels composent désormais le calendrier des ventes de l'AFT, répartis en ventes mixtes et ventes de yearlings. Ces ventes ont lieu aux mêmes périodes de l'année pour simplifier la tâche des professionnels.

1300 trotteurs sont présentés chaque année aux Ventes de Deauville. Pour dynamiser l'élevage des chevaux trotteurs, l'AFT a mis en place un réseau de correspondants à l'étranger et différentes rencontres (séminaires …).

7) Agence Française de Vente de Pur-Sang

L'Agence Française de Vente de pur-Sang est chargée d'organiser les célèbres ventes de Deauville. Les Ventes de Deauville organisent quatre ventes chaque année, en août, octobre, décembre et février. Environ 500 yearlings sont vendus aux enchères au mois d'août. Deauville se situe au cœur du berceau de l'élevage français de chevaux de course.

Les ventes de Deauville en chiffres

Année	total yearlings	montant total	prix moyen par cheval
1999	113	16 574 257	146 675
2000	103	19 307 668	187 453
2001	101	22 481 657	222 591[10]

8) Le PMU

Le Pari Mutuel Urbain est un groupement d'intérêt économique (G.I.E.) qui réunit 56 Sociétés de courses. Le PMU assure les fonctions suivantes :

- Promouvoir et enregistrer les paris sur l'ensemble du territoire national et collecter les mises correspondantes ;
- Centraliser les paris engagés et calculer les rapports et les prélèvements légaux ;

---

[10] ECUS 2002

- Procéder au plus vite au paiement des tickets gagnants ;
- Reverser aux différents bénéficiaires les sommes légalement prélevées ;
- Rétrocéder aux Sociétés l'excédent dans sa totalité.

Les paris sur les hippodromes sont organisés par le PMH – Pari Mutuel Hippodrome.

Le réseau du PMU compte :

- 7 139 points d'enregistrement ALR (Avant la Réunion) ouverts seulement le matin ;
- 696 points d'enregistrement PLR (Pendant la Réunion) où l'on joue en relation directe avec l'hippodrome ;
- un système d'enregistrement des paris par téléphone, par Minitel, Canal Satellite, et TPS ;
- 14 000 terminaux ;
- chaque point de vente est rattaché à une des 27 Agences du PMU, lesquelles sont réparties entre 5 directions régionales.[11]

---

[11] ECUS 2002

Le PMU dispose des points suivants :

- Point PMU (74,9%);
- Points Courses, Cafés Courses, Club Courses (20,7%);
- PMU Direct (4,4%).

Qui sont les parieurs PMU ?

- 14,4% de la population française de plus de 18 ans joue aux courses ;
- 6,5 millions de personnes ont joué aux courses en 2001 ;
- 1 joueur sur 4 joue aux courses depuis moins de 3 ans ;
- 56% des joueurs ont moins de 56 ans ;
- 1 joueur sur 3 est employé, cadre, cadre supérieur, artisan ou exerce une profession libérale ;
- 40% des joueurs jouent une fois par semaine[12].

9) L'AFASEC

L'AFASEC (Association de Formation et d'Action Sociale des Écuries de Courses) a pour mission de former les salariés des écuries de courses et de les accompagner tout au long de leur carrière professionnelle. L'AFASEC est mandatée par France GALOP et la Société du Cheval Français.

---

[12] *Equ'Idée* n°45, 2002, p. 67

Sous la double tutelle du ministère de l'agriculture et du ministère des finances, l'association gère sous le nom de « L'ÉCOLE DES COURSES HIPPIQUES » cinq écoles, par la voie scolaire ou par celle de l'apprentissage, qui regroupent plus de 600 élèves et apprentis. L'ÉCOLE DES COURSES HIPPIQUES est adhérente de l'UNREP (Union Nationale Rurale d'Éducation et de Promotion).

L'AFASEC forme le personnel des courses aux compétences souhaitées par les entraîneurs des chevaux de courses au galop et au trot.

Les cinq écoles sont situées en région parisienne (Chantilly, Gouvieux, Grosbois) et en province (Cabriès dans les Bouches-du-Rhône, Graignes dans la Manche et Mont-de-Marsan dans les Landes). [13]

---

[13] AFASEC

IV TYPOLOGIE DES COURSES

1) Les courses de plat au galop

Hormis certaines courses ouvertes aux Anglo-Arabes, les courses de plat au galop sont strictement réservées au Pur-Sang. Les chevaux sont achetés à 18 mois et confiés à un entraîneur. On distingue trois phases dans l'entraînement des chevaux de course : la mise en santé, la mise en muscle et la mise en souffle. La mise en santé est la phase de travail associé au débourrage. Le cheval est travaillé à la longe. Il accepte la selle et réalise des promenades de durée progressive. L'entraîneur veille à la bonne santé de ses jeunes chevaux. Le maréchal-ferrant procède à des changements de ferrures progressives pour favoriser des bons aplombs. L'objectif de cette phase est de permettre au cheval d'acquérir un bon équilibre nerveux.

La mise en muscle a pour but de développer la musculature du corps du cheval et aussi du cœur. L'entraîneur privilégiera un travail lent pour permettre une adaptation optimale de l'organisme au plan physiologique et psychique. Les chevaux courent des canters (500 m/min.) et des galops de demi-train (700/800 m/min. L'entraîneur peut utiliser des moyens techniques complémentaires : travail en piscine, les manèges mécaniques, les tapis roulants...

Le départ d'une course au galop est pris dans une boîte tirée au sort. Le cheval est conduit selon les recommandations de l'entraîneur ou le propriétaire. On court en plat toute l'année sauf de mi-décembre à mi-février. On attribue à chaque cheval un poids qu'il devra porter et qui correspond au poids du cavalier, de la selle, du tapis et d'un complément de plaques de plomb. Dans les courses au galop, on assiste à de nombreuses courses à réclamer où le cheval est à vendre. Il existe plusieurs types de courses :

- Les courses à handicap (course dans laquelle tous les chevaux sont censés avoir les mêmes chances de gagner);
- Le *maiden* (chevaux n'ayant jamais couru) ;
- Les courses à condition (la qualification et le poids porté sont fixés par des conditions particulières) ;
- Les *Listed Races* (courses figurant dans le livre international des courses) ;
- Les courses principales (elles figurent dans le Livre des Courses Principales Européennes publiées par le Turf Club Irlandais, France Galop et le Jockey Club Anglais – elles se composent de trois groupes : groupe I pour les épreuves d'envergure internationale ; le groupe II pour opposer les cracks ; le groupe III réservé aux bons chevaux).

Pour participer à une course, le propriétaire du cheval doit respecter les conditions générales de qualification fixées par le Code des courses au galop. Le cheval doit remplir :

- Les conditions générales d'identification des chevaux ;
- Les conditions relatives à la propriété des chevaux ;

- Les conditions financières de validité des engagements et de non inscription sur la liste des oppositions ;
- Les conditions spéciales de qualification selon : le lieu et les conditions d'entraînement du cheval, l'état sanitaire et les vaccinations du cheval.

2) Les courses d'obstacles

On distingue trois types de courses : la course de haies, le steeple-chase et le steeple-chase cross country.

Les courses de haies conviennent aux débutants : 2 500 m au moins au printemps et 3 000 à partir de la mi-mai. Elles comprennent au moins 7 haies plus 1 haie pour chaque augmentation de 300 m. Les haies mesurent 1, 10 m.

Le steeple-chase se court sur une distance de plus de 3 000 m. et comprend huit obstacles dont quatre différents. On apprécie les qualités de sauteur.

Le steeple-chase cross country comporte un parcours hors hippodrome et une phase finale dans l'hippodrome avec une distance maximale de 2 000 m. Certaines épreuves sont destinées aux chevaux de concours complet. Les départs sont donnés dans des boîtes ou avec une barrière qui se replie.

3) Les courses au trot

L'univers du trot diffère de l'univers du galop. La plupart des chevaux de trot sont entraînés par des entraîneurs-drivers qui bien souvent sont propriétaires. La carrière d'un cheval de trot est plus longue et se termine vers dix ans. Les trotteurs courent plus souvent que les galopeurs. Lors de l'entraînement, les chevaux de trot sont chronométrés. On distingue les courses au trot monté et les courses au trot attelé. Lors des courses de trot le cheval tracte un sulky. Le départ peut se faire de deux manières :

- Les trotteurs sont placés derrière une voiture (autostart) munie de deux bras repliables. Les concurrents étant rangés selon un ordre issu d'un tirage au sort ;

- Les concurrents suivent les instructions à travers un mégaphone. La piste est fermée par une barrière élastique qui s'efface lorsque les concurrents sont prêts.

Un groupe de commissaires (juges aux allures) suit la course à l'aide d'un véhicule pour détecter les fautes d'allures. En effet, le cheval doit resté au trot tout le long du parcours. Le galop, l'amble (les membres latéraux avancent simultanément), le traquenard (galop avec les postérieurs et trot avec les antérieurs) et l'aubin (inverse du traquenard) provoquent la disqualification.

Dans les courses au trot enlevé, les chevaux sont d'abord mis à au trot attelé. Les jockeys chaussent leurs étriers plus long. Les chevaux sont généralement plus charpentés.

Il existe plusieurs types de course :

- Les courses réservées au amateurs ;
- Les courses à "réclamer" où tous les chevaux sont à vendre ;
- Les courses mixtes avec ou sans vente ;

- Les courses réservées aux apprentis ;
- Les courses dites AP qui réunissent des apprentis et des professionnels ;
- Les courses nationales réservées uniquement aux chevaux inscrits au stud-book du trotteur français, né et élevé en France ;
- Les courses européennes réservées aux chevaux inscrits au stud-book trotteur d'un pays de l'Union européenne ou assimilé, et nés et élevés dans ces pays ;
- Les courses internationales avec deux catégories : semi-classiques et classiques comme le Prix d'Amérique.

4) Les hippodromes

Les hippodromes sont des installations sportives destinées à accueillir des courses. Ils sont dotés d'une organisation complexe. Ils reçoivent le public pour les paris qui peuvent avoir lieu sur place en lien avec le PMH. Il existe plusieurs locaux :

- Vestiaires des jockeys ;
- Salle de réunion des commissaires ;
- Salles de centralisation des paris ;
- Tribunes pour le contrôle du déroulement des épreuves ;
- Installations photographiques et cinématographiques ;
- Ecuries ;
- Des installations de contrôle anti-dopage.

Dans les courses au galop la piste peut dessiner une ligne droite soit un anneau de 30 mètres de large environ. Pour les steeples la piste comporte des obstacles qui permettent aux chevaux de sauter en hauteur ou en longueur. Pour le trot la piste peut être engazonnée ou réalisée à partir d'un matériau perméable à l'eau (mâchefer, sable de pouzzolane ...). Les pistes peuvent avoir des formes variées. Il existe des pistes avec des montées. Certaines sont faites pour accueillir les courses de plat, des course au trot ou les deux.

Les principaux hippodromes français[14]

Longchamp

A l'entrée le public découvre la statue de Gladiateur, gagnant du Derby d'Epsom et du Grand Prix de Paris en 1865. C'est un champ de course spécialisé dans le plat. Cet hippodrome parisien dispose de 5 parcours : la grande piste (2 750), la moyenne (2 500), la nouvelle (1 400), la petite (2 150) et la ligne droite (1 000). Le prix de l'Arc de Triomphe est disputé à Longchamp. La capacité d'accueil est de 50 000 personnes dont 7 000 places assises.

Chantilly

C'est la capitale du pur-sang avec son célèbre centre d'entraînement. A proximité du château des princes de Condé et derrière les Grandes Ecuries où se trouve le Musée Vivant du Cheval, l'hippodrome dispose

---

[14] OVADIA, Lionel. *Les courses,* Paris : Balland/Jacob-Duvernet, 1998

d'un gazon de grande qualité et de trois parcours : la grande piste (2 400 m), moyenne piste (2 150 m) et ligne droite (1 400 m). La capacité d'accueil est de 2 300 places assises. Il accueille le Prix du Jockey Club et le Prix de Diane, deux épreuves importantes pour les chevaux de 3 ans.

Saint-Cloud

Créé en 1901, l'hippodrome de Saint-Cloud fonctionne de février à mi-décembre et accueille plus de 35 réunions par an. Il dispose d'une piste elliptique de 2 300 m. Il peut recevoir jusqu'à 15 000 personnes dans sa tribune dont 5 000 assises.

Maisons-Lafitte

C'est le plus ancien champ de courses de Paris. Situé sur 92 hectares en bordure de Seine, l'hippodrome de Maisons-Lafitte dispose de la ligne droite (2 000 m) la plus longue d'Europe avec celle de Newmarket. On y court à corde gauche (1 400 à 2 400 m) et à corde droite (1 600 à 3 200 m). Il accueille les courses de plat de février à novembre. Les tribunes peuvent accueillir 6 000 personnes.

Deauville

L'hippodrome de Deauville a été créé en 1864 et accueille les plus prestigieuses courses de l'été. Il dispose d'une piste extérieure de 2 200 m et d'une ligne droite de 1 000 m. La tribune peut recevoir 2 000 personnes. Environ 16 réunions sont organisées dans la capitale normande du cheval de course.

Auteuil

Auteuil est le rendez-vous des courses à obstacles. Situé entre le Parc des Princes et Roland Garros, Auteuil permet d'admirer les plus belles courses de steeple. L'hippodrome dispose d'une piste de haies (2 418m) et neuf parcours (de 3 000 à 5 100 m) ainsi que de deux pistes concentriques de steeple-chase (extérieure : 2 239 m ; intérieure : 2 166 m) et de 16 parcours. On y organise environ 44 réunions pour 40 000 spectateurs dont 4 800 en situés en tribune.

Enghien

C'est un hippodrome mixte : obstacles et trot. On y organise 15 réunions de galop et 40 de trot. L'hippodrome dispose de 11 parcours de haies, 11 obstacles (2 500 m à 3 800 m) et 13 parcours de steeple-chase ainsi que d'une piste de trot de 1 400 m. L'hippodrome reçoit jusqu'à 20 000 personnes dont 3 000 assises.

Clairefontaine

Situé dans le Calvados, l'hippodrome a été inauguré en 1928 dans un cadre exceptionnel privilégiant une architecture normande décorée de colombages. Il dispose d'une piste de plat et d'obstacles et on y accueille à la fois des courses de plat et de trot (2 000 m). La tribune peut recevoir 700 personnes.

Pau

C'est le pays des anglo-arabes. On y organise essentiellement des courses d'obstacles pour valoriser l'élevage local de décembre à mai. La tribune peut recevoir jusqu'à 3 500 personnes.

Cagnes-sur-Mer

Créé en 1951 sur la Côte d'Azur, on y organise des courses dans les trois disciplines. L'hippodrome accueille les galopeurs en hiver et complète ainsi les hippodromes parisiens. En été, on y organise des courses au trot en nocturne. L'hippodrome dispose d'une piste de galop et une de trot.

Vincennes

C'est le temple du trot. Sous Louis XVI, on y installe le premier champ de course dans le parc royal du Château de Vincennes. L'hippodrome dispose de deux pistes concentriques ne mâchefer. La grande piste fait 1 975 m et la petite piste mesure 1 326 m totalement éclairée pour les épreuves qui se courent en nocturne. L'hippodrome organise 154 réunions sur toute l'année.

5) Les grands événements

Course : Prix d'Amérique, de France et de Paris
Spécialité : trot
Hippodrome : Vincennes

Course : Grand National du Trot
Spécialité : trot
Hippodrome : province et finale à Paris Vincennes

Course : Prix de l'Arc de Triomphe
Spécialité : championnat des galopeurs de 3 ans et plus

Hippodrome : Longchamp, le premier dimanche d'octobre

Course : Prix du Jockey-club
Spécialité : galop, épreuve créée en 1835 pour les poulains et les pouliches de 3 ans
Hippodrome : Chantilly

Course : Le Prix de Diane Hermès
Spécialité : galop, pouliches exclusivement
Hippodrome : Chantilly

Course : Le Grand Steeple-Chase de Paris
Spécialité : épreuve d'obstacle spectaculaire disputée sur 5 800 m
Hippodrome : Enghien

Course : La Grande Course de Haies d'Auteuil
Spécialité : obstacle sur 4 800 m
Hippodrome : Auteuil

V ANNEXES

1 - LE VOCABULAIRE DES COURSES[15]

AGE
Tous les chevaux prennent un an au 1er janvier. Les chevaux peuvent courir à partir de 2 ans en plat et au trot et ne débutent qu'à l'âge de 3 ans sur les obstacles.

ALLOCATION
Montant du prix alloué à une course.

ALLURES
Le cheval a trois allures: le pas, le trot et le galop. Il existe des allures hybrides comme l'amble, l'aubin et le traquenard. De nombreux pays organisent des courses traditionnelles d'ambleurs. Il existe des races plus adaptées à ce type de course.

AMBLE
Allure dans laquelle les membres sont associés par bipèdes latéraux. Le cheval propulse simultanément ses deux membres d'un même côté.

ANGLO-ARABE
Issu du croisement des pur-sang anglais et des pur-sang arabes. Un anglo-arabe doit avoir 25 % de sang arabe pour être inscrit au Stud-Book.

---

[15] Ce lexique a été réalisé à partir du lexique du code de course au trot et de l'*Almanach Turf 2003*, *Les dossiers du Jeu*, Hors Série (il n'est pas exhaustif).

ANTÉRIEUR
Membre avant. Il comprend l'épaule, le bras, l'avant-bras, le genou, le canon et le pied.

APPRENTI
Formé dans des centres spécialisés aux métiers des courses comme l'AFASEC. C'est en principe un futur jockey. Age minimal : 16 ans. Les apprentis reçoivent du poids au galop et de la distance au trot, sauf dans les épreuves d'une certaine importance.

A.Q.P.S. ou A.Q.P.S.A.
Abréviations qui signifient respectivement, Autre Que Pur-Sang ou Autre Que Pur-Sang Anglais. Cette appellation permet de désigner tous les chevaux de course non issus des races traditionnelles de course au galop et regroupe différentes races : anglo-arabe, trotteur français, tous les croisements entre ces races et les croisements entre ces races et le pur-sang.

ARABE
Le pur-sang arabe est considéré comme un améliorateur de race universel. Son standard a été défini vers la fin du XVIIIème siècle. C'est la monture des peuples bédouins qui a été immortalisée par de nombreux peintres comme Delacroix ou Fromentin. En France, on organise des championnats de modèles et allures. Il est à l'origine du Pur-Sang Anglais.

ASSOCIATION
Plusieurs personnes copropriétaires d'un cheval peuvent mettre en commun l'exploitation totale ou partielle de sa carrière. Elles constituent ainsi une association.

AUBÈRE
Robe formée de poils roux et blancs.

AUBIN
Trot irrégulier, désuni. Le cheval galope des antérieurs et trotte des postérieurs.

AUTOSTART
Voiture puissante dont le pot d'échappement est au-dessus du toit pour que les gaz ne gênent pas les concurrents, munie à son arrière de deux ailes rabattables avec des places numérotées de la corde vers l'extérieur. Cette voiture a pour vocation de ramener les trotteurs jusqu'à la ligne de départ au trot.

BAI
Robe composée de poils rouges avec extrémités et crins noirs : bai clair, bai ordinaire, bai cerise, bai châtain, bai marron, bai brun.

BALANCES
C'est le lieu officiel où s'effectue la pesée des jockeys.

BALZANE
Marque blanche au bas des membres.

BASE
Concurrent qui possède une chance très sérieuse et sur lequel on s'appuie pour établir son jeu. Une base en Couplé Gagnant ou en Jumelé Gagnant devra finir dans les 2 premiers. Au Tiercé, en Trio, en Couplé Placé ou en Jumelé Placé, dans les 3 premiers. Au Quarté+, dans les 4 premiers, au Quinté + dans les 5 premiers.

BOTTE
Chaussure spécifique du jockey ou du driver.

BOUCHONS D'OREILLES
Boules de liège placées dans les oreilles des chevaux lors des courses de trot-attelé. Le driver peut déboucher les oreilles de son cheval en tirant sur des cordes reliées à ces boules ce qui peut provoquer une réaction vive de la part du cheval.

BOX
Lieu où se repose le cheval.

BREECHES (PANTALON)
Culotte longue portée par les jockeys et les drivers.

BRIDE
Pièce du harnais placée sur la tête du cheval, comprenant les mors et les rênes.

CANTER
Galop d'essai effectué par les chevaux avant la course. A l'origine, il s'agissait de l'allure employée par des moines de Canterbury lorsqu'ils se déplaçaient à cheval. Les parieurs disent « gagner dans un canter » pour parler d'un cheval qui l'a emporté sans effort.

CASAQUE
Tunique de soie ou de nylon aux couleurs du propriétaire du cheval, portée par le jockey.

CHANGE
En vue des qualifications et des rendements de distance, les sommes gagnées à l'étranger sont calculées

conformément au tableau des équivalences, établi par les sociétés de course.

CODE
Ensemble des règles qui régissent les courses en France. Il existe un code des courses au Galop géré par France GALOP et un code des courses au Trot édité par le Cheval Français.

COMMISSAIRES
Personnalités chargées du contrôle de la régularité des courses édictées par les codes.

CORDE
Lice, fixe ou mobile, qui délimite la piste. Elle sert à désigner la place affectée à chaque cheval au départ d'une course plate. Les concurrents ne doivent pas se rabattre avant 200 mètres de course. Cette place est attribuée par tirage au sort. Au trot, les places à la corde ne sont attribuées que pour les courses dont le départ est donné avec l'aide de l'autostart. Dans les courses au trot, les places sont tirées au sort : certaines sociétés placent au premier rang les chevaux ayant le plus de gains.

COTE
Rapport probable en fonction du montant des enjeux enregistrés pour chaque cheval partant.

COULEURS
Tenue portée par les jockeys ou les drivers dans une course et qui se compose d'une casaque et d'une toque. Casaque et toque sont aux couleurs du propriétaire. Lorsqu'un propriétaire a plusieurs partants dans une course, on différencie les chevaux par une écharpe de couleur généralement blanche, rouge ou verte.

COURSES AU TROT
Il existe plusieurs types de courses au trot :

- Les courses nationales, réservées aux seuls chevaux inscrits au Stud-Book du Trotteur Français, nés et élevés en France
- Les courses européennes, ouvertes aux chevaux inscrits au Stud-Book trotteur d'un pays de l'Union Européenne et nés dans ces pays.
- Les courses internationales, ouvertes aux chevaux inscrits au Stud-Book trotteur de tous pays.
- Les autres courses, ouvertes aux chevaux inscrits au Stud-Book du trotteur français, nés et élevés dans un pays de l'Union Européenne.

COURSES DE GALOP
Deux catégories apparaissent : course de plat et course d'obstacles.

En plat :
- Les courses de groupe : elles sont divisées en trois groupes de niveaux (les plus prestigieuses du calendrier du galop).
- Les listed-races : ce sont des épreuves intermédiaires avant d'accéder aux courses de groupe.
- Les courses à handicap : elles égalisent les chances des chevaux au départ
- Les courses à conditions : elles sont réservées à des chevaux répondant à des critères précis.
- Les courses à réclamer : chaque cheval y participant peut être acheté après la course.

En Obstacle:
- Les courses de haies : les chevaux franchissent des haies identiques (environ 1 mètre de haut et 1 mètre de large)
- Les steeple-chases : les chevaux ont à franchir des obstacles ayant des caractéristiques diverses : de gros obstacles, de nature et de taille variées.

COURSE PUBLIQUE
Une course publique est une course dont le gagnant reçoit, en France ou Hors de France, un prix formé soit par une donation spéciale ou par un objet d'art, quelle qu'en soit la valeur, soit par les entrées payées par les propriétaires des chevaux engagés ou soit par ces moyens réunis.

CRACK
Cheval d'exception à très fort potentiel.

CRAVACHE
Badine souple qui sert à stimuler le cheval. Elle ne doit pas dépasser 1,30 m au trot attelé et 68 cm au galop.

DEAD-HEAT
Expression anglaise désignant "Ex Aequo".

DÉBOURRER
C'est la première phase du dressage d'un jeune cheval. On commence par lui apprendre à supporter un poids puis une selle avec l'aide d'une longe. Le cavalier peut alors le monter en réalisant des mouvements simples.

DÉCLASSÉ
Se dit d'un cheval qui affronte des adversaires d'une valeur nettement inférieure à la sienne.

DEMI-SANG
Cheval provenant du croisement d'un pur-sang anglais ou d'un trotteur Norfolk avec une jument française.

DISTANCE
C'est la distance à parcourir pour chaque concurrent dans une épreuve. Au trot, il peut y avoir plusieurs poteaux de départ (2.600 mètres et 2.625 mètres par exemple).

DISTANCE À L'ARRIVÉE
L'arrivée officielle indique les distances qui séparent les différents concurrents d'une course.
Plusieurs termes sont employés : Dead-heat (ex aequo), nez, courte tête, tête, courte encolure, encolure, demi-longueur (de cheval), longueur (1, 2, 3, …). Dans les courses au trot, on indique le temps mis par chaque concurrent pour boucler son parcours.

DISQUALIFIÉ
Se dit d'un cheval qui est exclu de la course.

D.A.I.
Employée au trot, cette abréviation signifie « Disqualifié pour Allure Irrégulière ». Sert à désigner un cheval qui ne trottait et qui empruntait le galop, le traquenard, l'amble ou l'aubin.

DOCUMENT D'ACCOMPAGNEMENT
Le document d'accompagnement délivré par le service des Haras, des Courses et de l'Equitation, se présente sous la forme d'un livret permettant d'identifier un cheval et servant à la fois de livret sanitaire et zootechnique.

D.P.G.
Employée au trot, cette abréviation signifie, Disqualifié pour avoir passé le Poteau au Galop. Un trotteur qui passe le poteau au galop est automatiquement disqualifié.

DRIVER
Conducteur du sulky au trot attelé.

ÉCURIE
Deux chevaux ou plus font une écurie lorsqu'ils appartiennent à un même propriétaire ou lorsqu'un entraîneur présente 2 chevaux dont 1 lui appartient. Quand 2 chevaux font écurie et que l'un d'eux gagne, les parieurs qui ont misé sur l'un ou l'autre au jeu simple gagnant perçoivent le même gain. En revanche, le rapport placé n'est payé que pour le cheval qui a lui-même terminé dans les 3 premiers. Lorsque 2 chevaux font écurie, le jockey du cheval qui porte le plus gros numéro sur le programme porte sur sa casaque une écharpe disposée en forme de bretelle diagonale.

ÉLASTIQUES (DÉPARTS AUX)
L'élastique sert à donner le départ avec l'aide d'un haut-parleur qui donne 5 commandements du départ qui, enregistrés sur disque, sont les suivants :
1. Préparez-vous au départ
2. A vos places
3. Un
4. Deux
5. Trois.

C'est au 5ème commandement que l'on lâche l'élastique.

ENQUÊTE
Les commissaires ouvrent une enquête à l'issue d'une course pour identifier un incident et ses responsables. A l'issue d'une enquête, un concurrent est déclassé, voire disqualifié. Une enquête d'office signifie que les commissaires agissent de leur propre chef, motivés par un fait anormal. Une enquête peut être ouverte sur réclamation d'un participant contre un adversaire.

ENGAGEMENT
L'engagement est l'acte par lequel on déclare qu'on fera courir un cheval dans une épreuve de qualification ou dans une course déterminée.

ENTREE
L'entrée est la somme qui doit être versée pour qu'un cheval puisse prendre part à la course dans laquelle il est engagé.

ETALON
Cheval servant à la reproduction.

ETRIER
Arceau en métal suspendu par une courroie de chaque côté de la selle et sur lequel le cavalier appuie le pied.

FAUTE
Le trotteur commet une faute lorsqu'il se met au galop. A l'obstacle, un sauteur commet une faute lorsqu'il accuse au passage un obstacle, soit en l'accrochant, soit en réalisant une mauvaise réception.

FAVORI
Concurrent d'une course à qui les parieurs accordent une très bonne chance.

FILM DE CONTROLE
Le déroulement des compétitions est filmé par une ou plusieurs caméras qui permettent aux commissaires d'attribuer les éventuelles responsabilités et de détecter les différentes fautes.

FLYER
Sprinter. Désigne un cheval qui aime les courtes distances, de 1.000 mètres à 1.300 mètres.

FOAL
Nom donné à un poulain ou une pouliche l'année de sa naissance jusqu'au 31 décembre, date à laquelle il ou elle devient yearling.

FORFAIT
Le forfait est la déclaration par laquelle un cheval est retiré de la course dans laquelle il est engagé.

FORMULATION DES CONDITIONS DE COURSE
La formulation des conditions de courses est l'ensemble des termes génériques employés dans l'énoncé des programmes.

FONDS DE COURSE
Le fonds des courses est le compte d'affectation spécial concernant les allocations, prix et primes ainsi que toutes les sommes affectées à ce compte par le code des courses.

FOULÉE
Manière dont un cheval prend appui sur le sol dans chaque temps de galop.

GAGNANT
Se dit du cheval arrivé premier.

GALOP
Une des trois allures du cheval avec le pas et le trot. Les courses de galop comportent deux spécialités : le plat et l'obstacle.

GESTATION
Une jument porte son poulain pendant 11 mois.

GRIS
Robe dont les poils comportent du gris.

GUÊTRE
Protection utilisée dans les compétitions et à l'entraînement pour protéger les membres des chevaux. Très utiles lors des courses d'obstacles.

HAIE
Obstacle en forme de haie faite de brandes très serrées (la brande est un mélange de brindilles poussant sous les pins dans les forêts de conifères : bruyère, ajonc, genêt).

HAIES (COURSE DE HAIES)
Epreuve d'obstacle dont le parcours est jalonné de haies.

HANDICAP
C'est une course dans laquelle tous les chevaux sont censés posséder la même chance, un handicapeur étant chargé de les égaliser. Au trot, on affecte des rendements de distance (12, 25, 37, 50 et 62 mètres). Au galop, le handicapeur attribue à chaque concurrent un poids à porter. Une échelle courante va en plat de 60 à 48 kilos (parfois plus de 60 kilos, jamais moins de 48

kilos); en obstacles, cela va de 72 à 60 kilos (parfois plus de 72 kilos, jamais moins de 60 kilos).

HARAS
Il existe des haras publics et des haras privés. La mission des haras nationaux est d'orienter et de promouvoir l'élevage des races françaises. Les haras privés ont des structures juridiques variées et se spécialisent dans l'élevage de chevaux de sport, de courses ou de loisir. Les haras utilisent des étalons et des juments reproductrices.

HARNACHEMENT
Ensemble des pièces qui composent un harnais et qui équipe un cheval de course.

HEAT
Mot anglais signifiant : épreuve. Employé au trot pour désigner un travail d'échauffement avant la course.

HONGRE
Cheval qui a subi une opération de castration.

INEDIT
Se dit d'un cheval qui n'a jamais participé à une course.

JOCKEY
Cavalier professionnel.

JUGE AUX ALLURES
Personnalité officielle chargée de la régularité des courses au trot. Elle disqualifie, s'il y a lieu, les concurrents en irrégularité.

JUGE À L'ARRIVÉE
Officiel qui établit le classement. Il peut faire appel à un document photographique.

JUGE AU DÉPART OU STARTER
Il vérifie que tous les concurrents sont bien présents et décide seul de la validité du départ. S'il appréhende une anomalie, il lève son drapeau, et le porte drapeau qui se tient 200 mètres après le départ lève à son tour le sien pour indiquer aux jockeys ou aux drivers que le départ va devoir être repris.

JUMENT
Femelle de 5 ans et plus.

LAD
Garçon d'écurie qui soigne les chevaux de course.

LEADER
Cheval qui galope en tête. On désigne parfois ainsi le cheval de jeu.

LICE
Barrière qui délimite le bord de la piste.

LUNETTES
Lunettes spécifiques protégeant le jockey (ou le driver) des projections provoquées par le passage des chevaux.

MACHEFER
Matériau utilisé pour le revêtement de certaines pistes d'hippodromes (piste dite «cendrée»).

MARTINGALE
Pièce de harnais qui empêche le cheval de lever la tête.

MISE À PIED
Sanction prise contre un jockey et qui entraîne une interdiction de monter. Cela peut aller de 4 jours (pour les incidents bénins) à la radiation à vie (pour faute très grave).

MILER
Nommé d'après une unité de mesure britannique, le mile (environ 1600 mètres), le miler est un cheval qui évolue sur des distances allant de 1600m à 2400 m.

MUSIQUE
Historique des performances d'un cheval avec tous les détails sur ses dernières courses. La musique permet au parieur de situer les chevaux les uns par rapport aux autres. Voici les abréviations :

Pour un galopeur :
"**O**" signifie course d'obstacle – "**p**" signifie course de plat – "**0**" indique qu'il n'a pas été classé – "**T**" indique qu'il est tombé – "**A**" indique qu'il a été arrêté – "**Ret**" indique qu'il a été rétrogradé.
Tout chiffre différent de **0** indique la place du cheval dans la course.

La musique se lit de droite à gauche, de la course la plus ancienne à la plus récente

Pour un trotteur :

"**a**" signifie course attelée – "**m**" signifie course montée – "**0**" indique qu'il n'a pas été classé – "**D**" indique qu'il a été disqualifié pour allure irrégulière – "**T**" indique qu'il est tombé – "**A**" indique qu'il a été arrêté – "**Ret**", indique qu'il a été rétrogradé.

N.P.
Abréviation de **"non partant"** (avant une course) ou abréviation de **"non placé"** (après la course).

OBSTACLES (COURSES À)
Il existe plusieurs types de courses à obstacles : les cross-countries, les courses de haies où tous les obstacles sont identiques, les steeple-chases où les chevaux doivent sauter des "rivières" et des "murs" spectaculaires. La célèbre rivière des tribunes à Auteuil exige un saut de 8 mètres de long ! Le Grand Steeple-Chase de Paris, disputé tous les ans au mois de juin sur l'hippodrome d'Auteuil, réunit les meilleurs chevaux d'obstacle sur une distance de 5.800 mètres.

OEILLERES
Un bonnet à oeillères permet de limiter l'angle de vue des chevaux pour les empêcher de voir sur les côtés. Elles peuvent servir pour le cheval craintif ou pour celui qui se retient.

ORDRES (SOUS LES)
Expression signifiant que le cheval est à la disposition du starter pour entrer dans sa stalle, se ranger derrière l'élastique ou faire sa volte.

ORIGINES
Généalogie du cheval.

OUTSIDER
Concurrent dont les chances de gagner sont les plus faibles, en fonction de l'avis des pronostiqueurs ou de la cote.

PANTALON (BREECHES)
Culotte longue que portent les jockeys et les drivers.

PAPIER (FAIRE LE)
Cela consiste à évaluer les chances théoriques de chaque concurrent d'une course pour tenter de trouver le gagnant. Etude des performances, des origines, des aptitudes pour établir un pronostic.

PARCOURS
Itinéraire obligatoire.

PARI MUTUEL
Le principe du pari mutuel implique que les enjeux engagés par les parieurs sur un type de pari donné soient redistribués entre les parieurs gagnants de ce même type de pari, après déduction des prélèvements fixés par la réglementation en vigueur.

PÉNÉTROMÈTRE
Instrument servant à mesurer l'état du terrain. On le laisse tomber sur la piste : plus il s'enfonce, plus elle est lourde. On fait une dizaine de mesures en des points différents de la piste et la moyenne de ces mesures donne un chiffre entre 1 et 5,5 qui qualifie l'état de la piste. (1 = sec, 2 = très léger, 2,5 = léger, 3 = assez souple, 3,5 = souple, 4 = très souple, 4,5 = collant, 5 = lourd, 5,5 = profond).

PESAGE
Le pesage est l'enceinte où se trouvent les balances, le paddock et les tribunes.

PHOTO FINISH
Les hippodromes sont tous dotés d'appareils photographiques qui permettent d'identifier le vainqueur même lorsque la distance est minime.

PLAT
Le plat est une des trois disciplines des courses. Sur le plat, les galopeurs commencent dès l'âge de deux ans. Le sprinter est cheval spécialisé dans les courtes distances (de 1.000 à 1.400 mètres) et le miler est un cheval plus endurant pour les de 1.600 à 1.800 mètres. Le Grand classique consacre le meilleur cheval des 3, 4, 5 ans, le Prix du Jockey Club se court au mois de juin à Chantilly et concerne les pouliches et les poulains. Le Prix de l'Arc de Triomphe voit quant à lui s'affronter les meilleurs galopeurs du monde entier à Longchamp, en octobre. Ces 2 événements se déroulent sur la distance classique de 2.400 mètres.

PLOMB
Introduit dans les quartiers de la selle pour combler la différence de poids entre le poids du jockey et celui imposé par les conditions de la course.

POIDS
Un jockey doit se peser avec la selle, le tapis de selle, la sangle, la sur-sangle, le collier de chasse et le gilet de protection. La cravache, la serviette numérotée et le casque réglementaire n'entrent pas en ligne de compte. Le reste du harnachement (oeillères, bride, fers ...) n'est pas considéré.

P.M.H.
Pari Mutuel Hippodrome (paris enregistrés sur l'hippodrome).

P.M.U
Pari Mutuel Urbain (paris enregistrés en ville).

POSTERIEURS
Membres arrière du cheval.

POTEAU
Endroit où se juge l'arrivée de la course.

POULAIN/ POULICHE
Nom donné au cheval (ou à la jument) jusqu'au 1er janvier de sa 5ème année.

POULINIÈRE
Jument destinée à la reproduction.

PRIME A L'ELEVEUR
Une prime à l'éleveur est la somme attribuée, sauf convention contraire, au propriétaire de la mère au moment de la naissance du produit.

PRIX MIXTE
Un prix mixte est une course où seulement certains chevaux sont mis à réclamer.

PRODUIT
Poulain ou pouliche d'un étalon et d'une poulinière. Premier produit d'une poulinière : son premier poulain. Première production d'un étalon : ensemble des produits nés l'année suivant la première année de monte de l'étalon.

PROGRAMME
Le programme d'une course est l'énoncé des conditions particulières de cette épreuve telles qu'elles sont publiées au Bulletin de France Galop ou Cheval Français.

RÉCLAMATION
Un jockey porte réclamation devant les commissaires lorsqu'il considère avoir été gêné par un concurrent dans la course. A la suite d'une réclamation, les commissaires ouvrent une enquête pour décider de maintenir ou de modifier une arrivée. Une sirène annonce qu'un jockey a déposé une réclamation.

Un autre sens à ce mot: acte consistant à déposer dans l'urne un bulletin de réclamation pour acquérir un cheval d'une course à réclamer.

RÉCLAMER
Une course est dite "à réclamer" lorsqu'il est possible d'acheter un cheval de cette course. Le taux de réclamation est inscrit sur le programme. Ceux qui veulent acquérir un cheval déposent dans une urne placée à cet effet dans les balances un bulletin sur lequel est inscrit le prix auquel ils désirent l'acheter. Mais d'autres personnes peuvent être intéressées par le même cheval. De son côté, le propriétaire peut défendre son cheval. Le plus offrant gagne. Le temps réglementaire pour réclamer un cheval est de 15 minutes après l'arrivée. La différence entre le taux de réclamation et le prix demandé par l'acheteur va aux fonds de courses de la Société de Courses organisatrice. Hormis les règlements obligatoires, l'acheteur est redevable de la somme inscrite sur le bulletin de réclamation, quel que soit le classement du cheval.

RECUL
Au trot, rendement de distance, généralement imposé en fonction des sommes gagnées.

RÉDUCTION KILOMÉTRIQUE
C'est le temps moyen que met un cheval pour couvrir chaque kilomètre d'un parcours.

REMBOURSE
Sont remboursés les paris engagés sur un cheval qui doit participer à une course, et qui au dernier moment ne prend pas part à l'épreuve.

RENDRE DE LA DISTANCE (OU RECUL)
Dans les courses de trot plates, la distance est chargée d'égaliser quelque peu les chances. Ainsi, les chevaux ayant été très primés doivent s'élancer derrière les concurrents les moins primés. Ce sont les conditions de la course qui attribuent à chaque cheval son échelon de départ.

RÊNE
Courroie fixée au mors et que tient le jockey pour diriger sa monture.

RÉTROGRADÉ
Un cheval est rétrogradé lorsque les commissaires décident de le descendre dans le classement en lui attribuant une place derrière le ou les concurrents qu'il a gêné(s).

ROBE
Pelage du cheval.
Al. alezan ; B. bai ; **B.B.** bai-brun ; **B.F.** bai foncé ; Gr. gris ; R. rouan.

ROND DE PRESENTATION
Lieu où les chevaux sont présentés au public sur les hippodromes avant le départ.

ROUGE (le rouge est mis ou Rouge au départ, ou Rouge aux partants)
Il s'agit d'un disque à 2 faces qui remplit 2 rôles. Avant la course, il permet le déclenchement de l'enregistrement des paris sur l'hippodrome sur cette course ; après la course, il indique que l'arrivée est officielle (rouge à l'arrivée).

PESEE
Les éléments qui sont pesés sont les suivants : la selle, le tapis de selle, la sangle, la sur-sangle, le collier et le jockey.

SAILLIE
C'est le fait pour un étalon de couvrir une jument. Elle peut comporter plusieurs sauts.

SANGLE
Lanière de cuir ou de toile, large et plate, qui sert à maintenir la selle.

SELLE
Siège de cuir incurvé placé sur le dos du cheval pour que le cavalier le monte.

STALLES DE DÉPART
Appareil (appelé starting-gates outre-Manche) dans lequel les chevaux viennent se loger avant le départ d'une course. Les boîtes sont alignées, et s'ouvrent toutes en

même temps. Ces stalles ne sont utilisées que pour les courses plates.

STARTER
Officiel chargé du départ des courses.

STAYER
Désigne le «coureur de fond,, en anglais. Ce cheval est un spécialiste des longues distances, supérieures à 2.400 mètres.

STEEPLE-CHASE
Course de haies ou d'obstacles de nature différente. Etymologiquement, vient de l'anglais et signifie "course au clocher".

STUD-BOOK
Registre où est inscrite la généalogie des différentes races. Il existe un stud-book par race.

SULKY
Voiture à 2 roues utilisée pour le trot attelé.

SURCHARGE
Poids supplémentaire imposé à certains concurrents par rapport au poids de base. La différence entre le poids porté et le poids officiel est appelée une surcharge.

TAPIS DE SELLE
De texture variée, ce tapis protège la selle de la sueur du cheval.

TERRAIN
Etat de la piste. Avant les courses, on peut mesurer la qualité du terrain grâce au pénétromètre. Le terrain peut

être sec, léger, très léger, assez souple, souple, très souple, collant, lourd, très lourd ou profond.

TOQUE
Tissu fixé sur le casque du jockey ou du driver et portant les couleurs du propriétaire ou de l'écurie.

TRAQUENARD
Trot irrégulier, désuni. Employé pour un cheval qui trotte des antérieurs et galope des postérieurs.

TROT
Allure diagonale à deux temps, l'antérieur gauche et le postérieur droit, et vice versa. Les chevaux courent soit au trot monté, soit au trot attelé, cette dernière discipline étant la seule où le jockey ne monte pas son cheval, mais devient "driver" en étant assis sur son sulky. Les courses de trot s'adressent le plus souvent aux chevaux âgés de 3 à 1 0 ans. La carrière d'un cheval de trot est plus longue. Vincennes est le temple du trot et la plus célèbre des courses de trot est le Prix d'Amérique couru sur 2.600 mètres. Les courses de trot attelé nocturnes attirent de nombreux spectateurs.

TROTTEUR
Cheval qui dispute des courses au trot. Contrairement au galopeur, le trotteur court toute l'année.

TURF
Mot anglais qui signifie gazon. Par extension, tout ce qui constitue les courses.

TURFISTE
Mot d'origine anglaise désignant les habitués des champs de courses.

VAN
Voiture ou camion destiné au transport du cheval.

VALEUR NOMINALE
La valeur nominale d'une course est le montant total des allocations dont est dotée cette course, hors primes à l'éleveur, entrées, forfaits.

YEARLING
Cheval d'un an (donc né l'année précédente).

2 - Expressions Anciennes Du Turfiste [16]

A CHEVAL : jouer « à cheval », signifie partager sa mise sur un cheval mi-partie gagnant et mi-partie placé.

APPUYÉ : on dit d'un cheval qu'il est appuyé lorsque la confiance en lui se manifeste par de fortes prises. Il peut être appuyé par son écurie ou par de très bons initiés.

BETTING : le betting ou marché est le mouvement général de l'argent que suscite une épreuve.

BRANCARD : on appelle aux courses brancards les barrières de bois qui canalisent le public devant les baraques du pari mutuel.

CABOCHARD : le cheval cabochard, la bête noire du joueur par excellence, est le cheval qui fait preuve de mauvais caractère.

CLASSE : la classe d'un cheval, c'est sa valeur intrinsèque, dégagée de toutes contingences.

COTE : la cote ou le rapport d'un cheval, c'est ramené à l'unité, le bénéfice qu'on réalise sur lui.

COUP : faire un coup ou faire le coup, ces trois mots là sont l'éternel leitmotiv des pelousards quand ils se trouvent face à des performances contradictoires et qui vont à l'encontre de leurs prévisions.

---

[16] START, Frank. *Conseils aux courses*, Paris

COUPLER : deux chevaux sont couplés lorsque leurs chances gagnant au mutuel ne font qu'une.

COURANT D'AIR : bruit favorable qui court sur un cheval et qui devient en quelques minutes le secret de Polichinelle.

COURU : un cheval est « couru » lorsque son entourage manifeste une confiance absolue.

SE COUVRIR : lorsqu'on se trouve engagé d'une façon trop aventurée sur un cheval, on se couvre en ajoutant un second jeu. Il y a deux façons de se couvrir, soit en jouant la place du même cheval soit en jouant un second cheval.

DÉLAISSÉ : un cheval se trouve délaissé lorsque sa cote est sensiblement supérieure à la cote logique que faisait prévoir le marché.

DISTANCEMENT : un cheval peut être distancé de la place qu'il occupe pour des différents motifs : gêné ses concurrents, perdu du poids en cours de route…

ECART : on appelle écart ou passe le nombre de fois consécutives qu'un jockey par exemple court sans gagner.

ECRASER : un cheval écrasé est un cheval appuyé à l'excès et dont la cote devient ridiculement peu rémunératrice.

FAIRE LE TOUR : on promène un cheval ou on lui fait « faire le tour » lorsqu'on lui fait disputer une épreuve avec l'ordre de ne pas gagner, ou sans aucune chance.

FAVORI : le favori est le meilleur cheval d'une course.

INVITER : lorsqu'une écurie prépare un coup, elle « invite » ses amis ou des membres de la presse.

JOUER : dites : « j'ai joué tel cheval ». Ne dites jamais : « j'ai joué sur tel cheval ».

MARTINGALE : c'est essayer de rattraper avec des sommes grandissantes sa première mise perdue.

MORT : un cheval part mort lorsque le délaissement manifesté par sa cote est la preuve évidente que son écurie a renoncé à toutes prétentions.

NOUGAT : « y a qu'à mettre, c'est du nougat ! » cette phrase consacrée exprime une confiance illimitée dans un cheval dont la cote baisse à vue d'œil.

PAPIER : l'ensemble des performances de tous les chevaux de la course.

PAROLI : on fait le paroli d'un cheval sur un autre quand on reporte sur le second, mise comprise, tout le bénéfice qu'on a tiré de la victoire du premier.

PAYER : on paye pour un cheval quand sa cote tombe au-dessous d'égalité.

PRISE : la prise est le gros paquet d'argent qu'on risque sur un cheval.

RÉCLAMATION : une réclamation déposée par un jockey à la rentrée aux balances s'inscrit immédiatement au tableau d'affichage. On peut alors vendre un bon prix les tickets du gagnant ou acheter bas prix ceux du second. Le joueur intéressé peut ainsi se couvrir.

REMBOURSEMENT : on rembourse les chevaux affichés qui ne prennent pas part à une course.

SORTIR : sortir un cheval, synonyme de faire un coup.

TUYAU : renseignement favorable sur un cheval, pronostic officieux qui court sous le manteau.

VELOURS : jouer sur le velours, c'est n'engager qu'une partie de ses bénéfices.

3 - BIBLIOGRAPHIE

BETBESE, Jean Paul. *Tiercé et Quarté,* Paris : PUF, 1982.

HAUTHUILLE, Alban. *Les chevaux de course,* Paris : PUF, 1982.

OVADIA, Lionel. *Les courses,* Paris : Balland/Jacob-Duvernet, 1998.

Nouvelle Encyclopédie du Cheval, Paris : Maloine, 1992.

SEVESTRE, Jacques. *Le Cheval,* Paris : Larousse, 1983.

Almanach Turf 2003, *Les dossiers du Jeu,* Hors Série.

Annuaire ECUS-Haras Nationaux, 2002.

4 - SITES INTERNET

http://www.pmu.fr

http://www.France-galop.asso.fr

http://www.haras-nationaux.fr

http://www.frbc.net

http://www.proprietaires-chevaux.com

http://www.cheval-francais.com

http://www.fench-bloodstock.com

http://www.deauville-sales.com

http://www.goffs.fr

http://www.chevalunic.fr

http:/www.afasec.fr

656053 - Mai 2016
Achevé d'imprimer par